CHANTAL BARON

ANSIEDAD INFANTIL

CHANTAL BARON

ANSIEDAD INFANTIL

LOS TRASTORNOS EXPLICADOS A LOS PADRES

QUarzo

Título original: *Les troubles anxieux expliqués aux parents*
© Hôpital Sainte-Justine, 2002

Ansiedad infantil. Los trastornos explicados a los padres
© Chantal Baron, 2002

Quarzo

D.R. © Editorial Lectorum, S.A. de C.V., 2003
Centeno 79-A, Granjas Esmeralda,
C.P. 09810, México, D.F.
Tel.: 55 81 32 02
www.lectorum.com.mx
ventas@lectorum.com.mx

> L.D. Books
> 8313 NW 68 Street
> Miami Florida, 33166
> Tel. (305) 406 22 92 / 93
> ldbooks@ldbooks.com

Primera edición: junio de 2003
Segunda reimpresión: noviembre de 2007
ISBN: 978-1500328573

D.R. © Traducción: Marcela Cortázar
D.R. © Portada: Blanca Cecilia Macedo

Impreso y encuadernado en México
Printed and bound in Mexico

AGRADECIMIENTOS

Agradezco a Claudia, Julia, Jacinta, Clara, Luis y a sus padres. Cambié sus nombres, pero cuando me lean, reconocerán su historia. Les agradezco a ellos y a todos los que han asistido a mi consulta, gracias por haberme dado su confianza. Me han enseñado tanto... A cambio, espero haberles enseñado un poco de ellos mismos y de una mejor forma de vivir.

ÍNDICE

INTRODUCCIÓN

Los problemas de ansiedad en los niños y adolescentes han sido subestimados, por no decir desconocidos, desde hace mucho tiempo. Se hablaba de ansiedad, de estrés; se decía que un niño era miedoso, inquieto o incluso nervioso, pero de ahí a considerar que había un síndrome, un trastorno, es decir, una enfermedad, había una gran distancia. Todavía ahora hay algunos padres que, tras saber que su hijo padece un trastorno de ansiedad, reaccionan con incredulidad o escepticismo, incluso con cólera, ante lo que consideran algo absurdo: "¿Cómo es posible que el hijo al que rodeamos de cuidados y cariño tenga problemas de ansiedad? Sabe, doctor, le damos todo lo que podemos y de la mejor forma". Esta es la reacción habitual de los padres que se encuentran en estas circunstancias. Algunos añaden: "Yo soy así, pero nunca recibí todo lo que mi hijo ha recibido. Mis padres nunca me cuidaron como yo a él".

Y entonces, en plena consulta, se lanzan los dados para el gran debate. ¿Esta ansiedad surgió como reacción ante un mundo complicado y cada día más rápido que interfiere en el ritmo y las necesidades del niño?, o bien, ¿es una enfermedad que conlleva causas múltiples que hay que tratar?

En un primer momento, después de haber recibido un diagnóstico tan difícil, los padres reaccionan buscando todo tipo de causas fuera de la familia: "es la escuela, son los hijos del vecino, es la televisión quien tiene así a mi hijo". Necesitarán más de un encuentro con el psiquiatra para admitir que realmente existen enfermedades de la ansiedad que se manifiestan en la edad temprana y que su hijo puede tener alguna.

¿Cuáles son las causas de este trastorno? ¿Qué hacer para ayudar al niño? ¿Puede curarse? Estas son las preguntas angustiantes que se hacen los padres a partir de que el diagnóstico es anunciado.

Aquí nos dirigimos a los padres que tienen este problema. Nuestra única ambición es la de intentar responder a la mayoría de sus preguntas y a la más inquietante de todas: "¿Es culpa nuestra?"

No buscamos hacer una exposición erudita y exhaustiva de los conocimientos que hay actualmente sobre los trastornos de ansiedad, de los que, a pesar de las investigaciones hechas, todavía hay partes desconocidas. Más bien queremos compartir lo que hemos aprendido a lo largo de treinta años de consultas paidopsiquiátricas con hijos y padres. Transcribiremos aquí las palabras de los niños, sus angustias y sus rechazos, esperando que estos testimonios ayuden a los padres que están inquietos por lo que les espera a sus hijos.

Definiremos y describiremos los problemas de ansiedad. Precisémoslo: se trata de una ansiedad que se ha vuelto enfermedad. La ansiedad en sí no es discapacitante, al contrario, se necesita tener un poco de ella para crear, inventar. Ni el nerviosismo de un examen ni el miedo —una forma menor de ansiedad social en situaciones donde una persona se expone a la apreciación de los demás—, son patológicos o inquietantes. Esta ansiedad es un fenómeno normal e incluso es previsible que se dé después de una exposición oral ante la clase o antes de actuar en una obra teatral ante toda la escuela. No hay que confundir la enfermedad de la ansiedad, o lo que llamamos aquí trastorno de ansiedad, y la ansiedad momentánea de un niño.

En un momento u otro de la vida, estamos ansiosos frente a ciertas situaciones, pero esta ansiedad indica sólo una reacción humana. En el lactante, la angustia de sus 8 meses es estructurante, señala la nueva capacidad que tiene el bebé para comparar lo conocido y lo desconocido. Esta capacidad funda las auténticas relaciones humanas, a tal grado que si esa angustia no apareciera, se podría dudar de la capacidad del niño para distinguir y verificar su potencial de unión a las personas que le son conocidas o desconocidas. Este fenómeno también es la base del autoconocimiento, pues para guardar información, nuestro cerebro funciona siempre bajo el modo binario: conocido, desconocido.

Lo patológico, precisado en el *Manual diagnóstico y estadístico de los trastornos mentales* de la Asociación Psiquiátrica de los Estados Unidos (DSM-IV), viene cuando la ansiedad es suficientemente grande para alterar de manera evidente el funcionamiento de un niño o un adolescente durante un tiempo que se puede considerar largo. Tomemos el ejemplo de un adolescente que siempre se ha desempeñado bien en la escuela y que, de pronto, se resiste a entrar a clases, enrojece y suda intensamente cuando uno intenta forzarlo. Este adolescente presenta un nivel de angustia completamente anormal, y si este estado se mantiene por seis meses, arriesgando incluso su año escolar, podemos hablar de un trastorno de ansiedad social o aun de una fobia social. Éste es el tipo de ansiedad que trataremos aquí, la ansiedad patológica que presenta un síndrome. Es importante precisarlo desde el inicio.

El dolor de vivir que presentan los niños con trastorno de ansiedad se vuelve un misterio para los padres. Si en lugar de ello ese dolor se convierte en un camino para comunicarse y crecer juntos, habremos cumplido nuestro objetivo al escribir este libro.

Capítulo I

La realidad de
los trastornos de ansiedad

L a existencia de las enfermedades de la ansiedad ha sido reconocida recientemente. Hoy se
admite que un niño puede presentar los mismos
trastornos de ansiedad que tienen los adultos,
además de la angustia de la separación que es
propia de la infancia y que no se presenta más
allá de los 15 años de edad. Aunque, en conjunto,
se usan los mismos criterios para niños y adultos, se
imponen ciertas modificaciones para que los
diagnósticos correspondan a la realidad del niño.

Con los niños, el problema más grande es
"descifrar" los síntomas. Los niños expresan su
ansiedad de una manera y con un lenguaje diferentes a los de los adultos. Cómo descubrir, por
ejemplo, que un niño que declara que no le gusta
el hockey no está en realidad aterrorizado por
los otros niños. Vamos más lejos: un niño
pequeño habla del terrible miedo que le provoca cierta situación refiriéndose a un gigante
malo. Un gigante que no se puede ver, pero que
lo tiene amenazado, ¡es escalofriante!

Las cifras nos recuerdan que los trastornos de ansiedad definidos en el siguiente capítulo no son raros. Una investigación hecha en 1999[1] con 861 adolescentes de 16 años que fueron interrogados bajo el pretexto de una simple entrevista médica mostraba que 2.8% de ellos eran obsesivo-compulsivos; 0.9% tenían trastorno de ansiedad generalizada; y 16.8%, fobias. El estudio también mostraba que estos trastornos habían tenido origen entre los 12 y 13 años de edad. Esto concuerda con los resultados de otra investigación[2] que sitúa el origen de la mayor parte de los trastornos de ansiedad entre los 10 y los 13 años. En lo que concierne al problema obsesivo-compulsivo, tiene origen entre los 10 y los 19 años. Podemos ver que estos problemas comienzan en la infancia y que deberían alertar a los padres.

Otro estudio, realizado en Italia,[3] dice que 4.6% de personas con trastorno de ansiedad generalizada presentaron el origen de la enfermedad a los 8 años con 8 meses de edad, dato que corresponde también a nuestra experiencia.

[1] Zohar, A., *The Epidemiology of Obsessive-compulsive Disorder in Children and Adolescents*, Child and Adolescent Psychiatric Clinics of North America, 1999, p.p. 445-460.
[2] Rasmussen, S. y J. L. Eisen, "Treatment Strategies for Chronic and Refractory Obsessive Compulsive Disorder", en *Journal of Clinical Psychiatry*, 1997, núm. 58 (suplemento 13) p. 9.
[3] Masi, G., *et al.*, *Symptomatology and Comorbidity of Generalized Anxiety Disorder in Children and Adolescents*, Comprehensive Psychiatry, 1999, p.p. 210-215.

Finalmente, otro investigador[4] encontró que el trastorno de ansiedad de separación es más frecuente que el de ansiedad generalizada. También constató que los niños que habían sufrido alguna enfermedad crónica o habían estado hospitalizados tenían más trastornos de separación.

Ciertas poblaciones son particularmente susceptibles a padecer un trastorno de ansiedad. Así, de 8 a 45% de niños quemados (notemos la distancia en los porcentajes) presentarían un estado de estrés postraumático. En fin, la frecuencia de un trastorno de ansiedad social debe ser considerada, puesto que un reporte nacional estadounidense estimó recientemente que 13.3% de los infantes lo padecen. Esto es particularmente grave cuando se sabe que más de la mitad de los jóvenes que sufren alguna fobia social no terminaron sus estudios de educación secundaria, por lo que sus salarios serán inferiores al promedio y puede ser que pocos se casen.

En todos los casos, los problemas asociados son múltiples, puede tratarse de otro trastorno de ansiedad o de un estado depresivo. Lo esencial para reconocer un trastorno de ansiedad es constatar que el niño no está bien en su entorno o que su problema le hace vivir un gran descon-

---

[4] Costello, E., *et al.*, *Psychiatric Disorders in Pediatric Primary Care. Prevalence and Risk Factors*, Archive of General Psychiatry 1998, p.p. 1107-1116.

suelo. Estas señales son muy visibles, sin embargo, pocos padres consultan al psicólogo o al psiquiatra en esta etapa en la que el niño ya sufre bastante.

Es claro que los trastornos de ansiedad son poco evaluados por los médicos generales y pediatras, en parte porque los padres no los mencionan. Por ello los padres deberían ser más observadores, sobre todo cuando ya hay un miembro de la familia afectado por algún trastorno de ansiedad. Para poder detectar el problema se necesita tener una descripción exacta de los síntomas. Para hacer el diagnóstico, todos los detalles son importantes y necesarios.

La duración del trastorno es un factor muy importante para los diagnósticos. No se considera un trastorno de ansiedad de separación si un niño presenta un ataque agudo de angustia en el momento en que sus padres lo dejan solo por un día. Es necesario que el trastorno dure al menos cuatro semanas para tomarlo seriamente. En el caso en el que la reacción es limitada en el tiempo, se puede hablar de una reacción de ansiedad, pero no de un trastorno de ansiedad relacionado con una separación. Si el problema se repite y aumenta su frecuencia durante cuatro semanas, entonces se recomienda hacer una consulta.

CAPÍTULO II

DESCRIPCIÓN DE LOS DIFERENTES TRASTORNOS DE ANSIEDAD

En el presente capítulo, describiremos uno por uno los criterios del *Manual diagnóstico y estadístico de los trastornos mentales* de la Asoción Psiquiátrica de los Estados Unidos[5] y daremos, enseguida de las situaciones de los niños, un ejemplo concreto para cada uno de los problemas. Tratamos de aclarar los términos un poco áridos del manual mencionado, que ha sido usado por todos los psiquiatras como un instrumento clínico para definir de la forma más precisa posible una enfermedad. Es una herramienta que permite tener un consenso en torno al problema del niño. Nos parece importante que los padres conozcan los criterios que los especialistas usan para determinar si su hijo realmente

[5] Para una descripción completa de estos criterios, véase: American Psychiatric Association, *Diagnostic and Statistical Manual of Mental Disorders*, 4a. edición, Washington D.C. Para la traducción en español, véase: *Manual diagnóstico y estadístico de los trastornos mentales*, México, Masson, 1995.

tiene un trastorno de ansiedad o si se trata simplemente de una reacción ansiosa mínima.

Ansiedad de separación

De los trastornos de ansiedad en los niños, el de la separación es probablemente el diagnóstico más viejo. Está definido por una ansiedad excesiva e inapropiada que se presenta en el niño cuando se acerca a la edad en la que debe salir de casa y separarse de las personas a las que está muy apegado. Generalmente, estas personas son sus padres.

Para establecer un diagnóstico de ansiedad de separación, el niño debe manifestar tres de los siguientes ocho síntomas:

1. Angustia excesiva en las situaciones en las que hay una separación de las personas a las que el niño está ligado (llamadas figuras principales de apego), ya sean situaciones reales o anticipadas.
2. Temor excesivo y persistente relacionado con la desaparición de una o todas las figuras principales de apego.
3. Temor excesivo y persistente de que algo desafortunado separe al niño de sus figuras principales de apego.
4. Resistencia persistente o negación de ir a la escuela por miedo a la separación.

5. Resistencia excesiva a estar solo en casa o ir solo, sin ninguna persona de confianza, a otros ambientes o lugares.
6. Negarse a ir a dormir si no está cerca de sus figuras principales de apego.
7. Pesadillas recurrentes en las que el tema principal es la separación.
8. Expresiones somáticas frecuentes (dolores de cabeza, de estómago, náuseas, vómitos) tras la separación de las personas a las que el niño está apegado.

Para poder dar el nombre de *trastorno de ansiedad* a esta ansiedad de separación, como dijimos anteriormente, es necesario que el problema dure al menos cuatro semanas y que represente una angustia significativa o una alteración del funcionamiento social y, sobre todo, escolar del niño.

Miguel, 7 años, asmático. Falta mucho a la escuela, casi pierde el año escolar. Su madre dice que seguido está enfermo y que por ello debe estar en casa. Su asma está bien controlado y el niño no ha tenido crisis asmáticas desde aquella que le impidió entrar a la escuela al mismo tiempo que los demás, es decir, el primer día de clases. De hecho, en las mañanas de los días hábiles, cuando su padre se dispone a hacerlo salir de la cama, el niño presenta síntomas como dolor de cabeza, de estómago y hasta vómitos.

Miguel duerme con sus padres, pues le da miedo estar solo. Su madre lo acepta porque teme que se enferme más con las pesadillas "repugnantes" que tiene por las noches.

El niño también se niega a ir solo a la escuela, así que su madre debe acompañarlo, incluso si la escuela está cerca de su casa, y varios niños le han propuesto ir juntos. En invierno, justifica su negación con el argumento de que el frío le da asma. En primavera porque los niños no lo tratan bien, de lo cual su madre debe protegerlo.

Así, vemos cómo un niño inteligente puede justificar racionalmente —banalizar— los síntomas auténticos de un trastorno ansioso grave hasta paralizar sus relaciones con los demás y aminorar significativamente su rendimiento escolar. Al principio, los padres rechazan el diagnóstico y el tratamiento, y el niño debe retomar su año escolar.

Los padres de Miguel viven la resistencia fuerte de su hijo a separarse de ellos como una verdadera señal de angustia y enfermedad física. Les es difícil admitir que el niño presente todos esos síntomas por la angustia de separarse de ellos. Llega a suceder que los padres estén muy disgustados cuando se dan cuenta, tras la consulta médica, de que el niño sólo tiene miedo, aunque sea claro que este miedo es enorme y le causa problemas.

En lo que concierne a Miguel, fue sólo un año más tarde, cuando la escuela señaló sus graves problemas de aprendizaje, que sus padres aceptaron un tratamiento que le permitiera tener separaciones sin angustias excesivas y regresar a la escuela.

Ansiedad generalizada

Antaño, este problema era llamado "trastorno de hiperansiedad del niño". Se manifiesta de la siguiente forma:

1. Ansiedad e inquietudes o preocupaciones excesivas que se dan, en general, todos los días durante un periodo de más o menos seis meses, y que están relacionadas con ciertas actividades, en particular con las que tienen que ver con la escuela.
2. Dificultad para controlar esta ansiedad y olvidar sus preocupaciones.
3. La ansiedad y las preocupaciones están asociadas con al menos tres de los seis siguientes síntomas (en un niño, basta con la presencia de uno solo):
   a) Agitación o sensación de estar sobreexcitado o a punto de desfallecer.

b) Fatiga.

c) Dificultad de concentración o mala memoria.

d) Irritabilidad.

e) Tensión muscular.

f) Interrupción del sueño y, en particular, dificultades para dormir.

4. Para dar un diagnóstico de ansiedad generalizada hay que estar seguro de que ésta no esté ligada a otro trastorno de ansiedad y que implique un sufrimiento significativo o una alteración del funcionamiento social o escolar del niño. Esta alteración a veces es espectacular, como lo testifica la historia de Clara.

Clara tiene 8 años. Es una niña delgada que no parece estar bien consigo misma. Sus padres consultaron varios pediatras por los problemas que tiene su hija: dolor de estómago, de cabeza, insomnio, fatiga intensa. Por la mañana se levanta cansada y sus notas escolares van en picada. Los exámenes médicos dieron reportes negativos. El pediatra sugirió una consulta paidopsiquiátrica.

Es difícil hablar con Clara. Además, se siente frustrada cuando se da cuenta de que no le creen si dice que le duele algo. Le pedí que me explicara en qué momento tiene dolores. La respuesta es clara: antes de ir a la escuela o después de hacer alguna tarea; por ejemplo, antes de su clase de danza. De hecho, quiere dejar de asistir a esa clase.

La niña explicó de la siguiente manera qué le impide dormir:

—Se mueve sin parar en mi cabeza, no puedo pararlo, siempre es igual.

—¿Pero qué es lo que se mueve así?

—Es la escuela. Siempre pienso en la escuela. Quiero ser buena, pero la maestra me regaña siempre porque olvido todo. Entonces pienso qué podré hacer mañana para mejorar y que ella no esté enojada conmigo, pero no lo logro jamás. Pienso en otras cosas, pero no se detiene nunca y no puedo dormir.

En efecto, desde hacía un año, el hermano menor de Clara participaba en actividades muy importantes: olimpiadas escolares, conciertos, etcétera. Los padres estaban muy ocupados en los viajes en los que el niño debía participar y Clara se sentía incapaz de rivalizar con su hermano admirado. Temía mucho no estar a la medida de él y no merecer el amor de sus padres. Después de ocho meses desarrolló un trastorno de ansiedad relacionado con sus calificaciones escolares.

Gracias al trabajo emprendido con sus padres, y con una medicina ansiolítica tomada durante un periodo corto para restaurar el

sueño de la niña, Clara recuperó en pocos
meses su lugar en la escuela y en la casa, y
reencontró la alegría de vivir.

Trastorno de pánico sin o con agorafobia

Este trastorno conlleva ataques de pánico recurrentes e inesperados, pueden ser crisis súbitas
de miedo o un malestar intenso que contiene al
menos cuatro de los siguientes síntomas:

- Palpitaciones
- Sudoración
- Estremecimientos
- Sensación de asfixia
  Sensación de estrangulamiento
- Dolor toráxico
- Náuseas
- Vértigo
- Falsa percepción de la realidad
- Miedo de perder el control
- Miedo de morir
- Parestesia
- Escalofríos

Además, una de las crisis se debe acompañar,
durante al menos un mes, de uno o más de los
siguientes síntomas:

- Miedo persistente de tener más ataques de pánico.
- Miedo de las consecuencias que pueda tener una crisis, por ejemplo, temor a perder el control, sufrir un ataque cardiaco o volverse loco.
- Cambio de comportamiento en relación con las crisis, por ejemplo, negarse a salir por suponer que deberá subirse a un autobús (lugar en el que tuvo la más reciente crisis).

Las crisis no deben ser consecuencia de una afección médica, de haber ingerido algún fármaco o de otro trastorno de ansiedad, como el estrés postraumático. Por otra parte, las crisis pueden ser muy dramáticas y reproducir todo tipo de afecciones médicas (ataques cardiacos, asma) y el relajamiento del esfínter puede aparentar una crisis epiléptica.

Totalmente ignorado durante mucho tiempo —incluso negado en los pequeños que son incapaces de expresar su miedo a la muerte o a perder el control de sí—, este problema ha sido reconocido progresivamente tras los testimonios de adultos que lo sufrían. Ellos admitían haber tenido su primera crisis entre los 9 y 11 años. Enseguida se descubrió que los pacientes con problemas respiratorios crónicos tenían de siete a ocho veces más posibilidades que los otros niños de tener crisis de pánico. Esto nos incitó a hacer un examen sistemático a niños asmáticos crónicos que frecuentaban la clínica de asma del Hospital Sainte-Justine. Esta investigación permitió encontrar un gran número de trastornos de pánico en los pequeños.

Luis sólo tenía 7 años cuando le fue diagnosticado el trastorno de pánico. Después de varios años, sus padres se preocupan por las crisis nocturnas de Luis, que ellos llaman "asma". Deben llevar al pequeño a su cama, pues frecuentemente es presa del terror. También tiene crisis en las que sus ojos quedan fijos y su rostro se tuerce mientras él hace movimientos complicados. El niño sale con dificultad de ese estado en el que parece totalmente ausente y sus únicas palabras se refieren a un gigante que lo amenaza. Cuando uno insiste en saber si él ha visto al gigante, responde: "Sé que está detrás de mí y que me va atrapar".

Sin embargo, sobre la base de un electroencefalograma anormal, se le dan antiepilépticos. Luis no puede despegarse de su madre a la que se aferra con todo. Raramente va a la escuela. Después de haber constatado en el hospital que Luis sufre crisis de pánico, además de asma, comenzamos un proceso terapéutico que le permitiera abrirse. Él dice que no quiere ir a la escuela porque teme que el gigante lo atrape. Lo mismo para justificar dormir con sus padres: lo van a proteger del gigante; por eso siempre está pegado a su madre.

Después de algunos meses de terapia, admitió que tenía miedo de morir, señal esencial del trastorno de pánico. Así, lo que impedía el diagnóstico era la inexperiencia del pequeño que traducía en términos muy concretos (el ataque de un gigante) su miedo a morir y ser presa de algo terrible. En poco tiempo, un tratamiento con medicamentos ansiolíticos puso fin a las crisis asmáticas que le daban con hiperventilación, taquicardia y sudoración intensa.

El trastorno de pánico con agorafobia tiene como particularidad presentar al mismo tiempo crisis de pánico como las que acabamos de describir y agorafobia. La agorafobia es el miedo a estar en lugares en los que sería difícil escapar o en los que podría no encontrarse ninguna ayuda en caso de crisis de pánico; en general, se produce en medio de una muchedumbre, al hacer una fila de espera o en un transporte público.

Las personas que sufren del trastorno de pánico con agorafobia evitan las situaciones que generan las crisis o las soportan con un gran sufrimiento o con el temor de que llegue una crisis. Tienen necesidad de estar acompañadas para afrontar estos temores.

En general, quienes temen sufrir otra crisis de pánico evitan sistemáticamente las situaciones en las que es difícil escapar. Cada vez hacen más pequeño su mundo. Este es el caso particular de una adolescente agorafoba cuyo campo de acción se vuelve cada vez más angosto y se instala en ella justo cuando sus amigos extienden más el suyo.

Diana, 17 años, no le gusta mucho la escuela y siempre necesita una amiga junto a ella. Es divertida y amigable, les agrada a todos. Decide trabajar en una tienda. Después de cierto tiempo, la gerente confía en ella y la deja sola. Diana opina que ese negocio está "muerto". Una mañana, en el metro hacia su trabajo, sufre una fuerte crisis de pánico, se sofoca, quiere salir, y moja su pantalón debido al relajamiento del esfínter. Regresa a casa a cambiarse de ropa y desde allí llama por teléfono al trabajo para disculparse.

Desde entonces, Diana no puede subirse al metro otra vez y quiere dejar de trabajar. Su padre se opone, pero ella consigue que la acompañe todas las mañanas a su trabajo. Sin embargo, las crisis de angustia son más frecuentes y crece su temor de encontrarse otra vez en una situación humillante, por lo cual asiste a consulta. No es capaz de ir sola a nin-

> guna parte. En seis meses, respondió favora-
> blemente al tratamiento y logró retomar sus
> actividades gracias a un grupo de ayuda.

Agorafobia

También existe la agorafobia aislada, sin
antecedentes de trastornos de pánico. Es una
enfermedad que tiende a evolucionar hacia un
aislamiento progresivo y un confinamiento en
casa.

Fobia simple o específica

La fobia simple es un miedo persistente de tipo
irracional o excesivo desatado por la presencia
de un objeto o una situación específica, por ejemplo, subir a un avión, estar en un punto alto, ver
ciertos animales (arañas, ratones, etcétera), recibir
una inyección o ver sangre. La anticipación al
temor (por ejemplo, pensar en la inyección de
mañana) conlleva tanto miedo como la exposición directa a la situación o al objeto.

Para poder hablar de fobia es necesario que la
exposición al objeto o a la situación provoque
sistemáticamente una reacción ansiosa. Ésta puede tomar la forma de una crisis de pánico que, en
los niños, se manifiesta frecuentemente con llan-

to, enojo excesivo, crispamiento o parálisis momentánea.

El adulto o el adolescente suele reconocer el carácter irracional o excesivo de su miedo, pero el niño no siempre lo hace. La persona que sufre de fobia simple trata de evitar las situaciones que teme, pero si esto no es posible, las vive con gran angustia.

La evasión, la anticipación ansiosa y el sufrimiento vivido en las situaciones temidas perturban de manera importante los hábitos de los niños y adolescentes, es decir, sus actividades escolares y sociales, incluso sus relaciones con los demás. En los jóvenes menores de 18 años, el diagnóstico requiere que los síntomas se presenten y perduren al menos desde seis meses atrás.

Valga decir que un miedo simple, por ejemplo, a las arañas, no puede ser considerado como una fobia, pero si un niño se niega a ir a la escuela porque ha visto "arañitas", si no quiere salir porque tiene miedo de verlas, si las promesas y amenazas no sirven de nada, si suda a mares y se aferra a sus padres gritando, entonces tiene una verdadera fobia. Otro ejemplo clásico es el del dentista. Si el niño grita y está fuera de sí cuando visita al dentista, habrá que curar la fobia antes que las caries.

Fobia social o trastorno de ansiedad social

La fobia social consiste en un miedo persistente e intenso por una o más situaciones sociales o contextos que puedan poner a la persona bajo la observación de otros. La persona teme que sus acciones la lleven a una situación embarazosa o humillante. Sin embargo, los niños afectados con este trastorno se relacionan normalmente con amigos y gente cercana. Hay otro criterio necesario para diagnosticar fobia social. La situación social temida debe provocar cada vez la misma ansiedad y puede devenir una crisis de pánico. El evitar estas situaciones o contextos provoca una gran angustia en la persona, además, en los niños, afecta notablemente su desempeño escolar. Para diagnosticar este trastorno en una persona menor de 18 años, hay que observar si los síntomas se presentan desde al menos seis meses atrás.

Un adolescente reconoce el carácter irracional de su miedo, pero un niño no siempre puede admitirlo.

El ejemplo clásico de fobia social es el del niño o adolescente que se niega rotundamente a recitar algo ante sus compañeros. Si el profesor insiste, el malestar aumenta: el niño enrojece, suda, se le nubla la vista y debe salir de clase para vomitar. Si esta situación se presenta otra vez, los síntomas empeoran porque el niño recuerda la

ocasión anterior y teme sufrir la misma humi-
llación. En este caso, es necesario que los profesores adopten rápidamente medidas que "lim-
pien" la situación y eviten un fracaso escolar.

Hay otras formas más sutiles de fobia social. Es
el caso, por ejemplo, del niño que regresa a casa
con el almuerzo intacto diciendo que no tenía
hambre o que no tuvo tiempo de comerlo o,
incluso, que le encanta comerlo en casa. Se trata
de una fobia: el niño tiene miedo de que lo miren
comer. Si los padres se dejan convencer por
aquellos argumentos, el problema durará hasta la
edad adulta.

El miedo a orinar delante de otros es otra ma-
nifestación de fobia social. El niño puede retener
la orina hasta que le duela el vientre, lo cual
puede provocar algunos "accidentes" que él jus-
tificará con la severidad del maestro o la falta de
tiempo.

Aquí se perfila una constante en los trastornos
de ansiedad: los jóvenes tienden a no hablar de
su miedo, ni siquiera con algún ser querido.
Prefieren buscar todo tipo de excusas que justi-
fiquen su conducta, lo cual impide que los
padres reconozcan la angustia de su hijo y le pro-
curen la ayuda necesaria.

Trastorno obsesivo-compulsivo

Como su nombre lo indica, este trastorno es una enfermedad que se caracteriza por la presencia de obsesiones o compulsiones.

¿Qué es una obsesión? Es un pensamiento, un impulso o una representación recurrente y persistente, es decir, que regresa regularmente y que genera ansiedad o una gran angustia.

Claudia, 9 años, es acosada, sobre todo a la hora de dormir, por la imagen de ella misma a punto de matar a su madre de una cuchillada. Por supuesto, estos pensamientos son exagerados comparados con la vida real. En la cotidianidad, ella afirma amar a su madre. Se esfuerza por reprimir esos pensamientos y reemplazarlos por otras ideas o actos.

Claudia reconoce que estos pensamientos obsesivos vienen de su propia actividad mental y no han sido impuestos por algún demonio. Esto está muy claro en su caso, y afirma: "Quiero a mi mamá y no quiero hacerle daño. ¿Por qué estas ideas locas?" La niña, asustada, insiste porque su mamá duerme con ella.

Además de las obsesiones, este trastorno puede comprender también compulsiones. Se trata de comportamientos repetitivos (por ejemplo, lavarse varias veces las manos, hacer cuentas sin parar, verificar y volver a revisar algo) o actos mentales constantes (rezar, contar, repetir palabras en silencio, etcétera). Estos actos deben obligatoriamente ser cumplidos en respuesta a una obsesión y de acuerdo con reglas establecidas. Estos comportamientos y actos mentales están destinados a neutralizar o disminuir el sentimiento de angustia causado por las obsesiones o incluso impiden una situación temida.

Claudia, unas semanas después de haber comenzado a estar obsesionada con la idea de la cuchillada, inspecciona la casa para verificar si todo está bien cerrado. Luego revisa su habitación y mira debajo de la cama antes de acostarse. Como este comportamiento resulta incomprensible para sus padres, ella puede revelar su secreto rápidamente: teme que alguien esté escondido debajo de su cama y mate a su madre.

Claudia tiene otra compulsión lamentable: antes de dormir, debe rezar cierto número de oraciones con el fin de que no le pase nada a su madre, pero casi siempre olvida en qué oración va, así que debe comenzar otra vez desde el inicio.

Por otro lado, Catalina, otro caso de trastorno obsesivo-compulsivo, desarrolla de manera progresiva una necesidad intensa de la-

varse las manos (de 10 a 12 veces por día, en
principio, porque desde el punto de vista de su
madre son hasta 40 veces diarias). Al mismo
tiempo, desarrolla el miedo a ser contagiada,
principalmente por su madre. No la deja tocar
la computadora y, cuando esto sucede, hace
largos rituales para purificarla. Usa guantes
para girar los picaportes que su madre ha con-
taminado. En la mesa, le ha prohibido tocar su
lugar, bajo la pena de sufrir una crisis terrible.
Apenas come porque tiene que hacer muchas
verificaciones. Vestirse es una pesadilla, la
ropa también debe ser minuciosamente revisa-
da, lo cual le ha provocado muchos retardos en
la escuela. Su carácter también cambia, la niña
dulce que adoraban sus padres ahora es irrita-
ble: incluso ha llegado a golpear a su madre
cuando se opone a sus rituales.

En Catalina, que tiene 11 años, igual que en
Claudia, dominan las compulsiones, también
podemos hablar de la obsesión de contagio. Es
muy poco sensible al sentido de sus rituales,
incluso si éstos están ligados a su madre, puesto
que de ella viene la "contaminación". Se ve que
sufre, sobre todo cuando se le impide realizar sus
rituales. Mientras Claudia, de quien su madre ha
acudido a consulta rápidamente, sufre terrible-
mente por la obsesión de matar a su madre, que
viene a ella como una idea impuesta, incontro-

lable y dirigida al encuentro de sus sentimientos reales. Se ve también que todas las compulsiones de Claudia obedecen a esta obsesión y que ella está consciente del sentido que tienen.

La angustia genera rituales que ocupan cantidades importantes de tiempo perdido, que puede llegar a ser de más de una hora diaria. Las interferencias con las actividades cotidianas, sobre todo con las escolares, son tan claras que resulta sorprendente que no todos los casos sean reportados al psiquiatra. He aquí las cifras: los investigadores concuerdan con que de 2.8 al 3% de adolescentes afectados, ninguno acudió a consulta. Lo cual no es raro, como hemos visto, pues es un porcentaje muy pequeño el que pide ayuda. La mayoría de estos jóvenes viven en su capullo familiar y guardan el secreto hasta que su vida se vuelve imposible.

Trastorno de estrés postraumático

Como su nombre lo indica, este trastorno se da luego de que una persona ha estado expuesta a alguna situación traumática, y trae consigo dos componentes:

- El sujeto ha vivido o enfrenta una situación en la que uno o más individuos murieron, fueron gravemente heridos o estuvieron seriamente amenazados de muerte; por supuesto él mismo pudo haber visto amenazada su integridad física.

- Su reacción ante lo sucedido es la de sentir un miedo intenso, un sentimiento de impotencia o terror.

En los niños, se constata un comportamiento desorganizado o agitado.

Julia llega al hospital con quemaduras serias: una explosión provocada por una fuga de gas destruyó la casa de sus padres. Su hermanito y otro miembro de la familia murieron. La explosión hizo que la puerta de la entrada le cayera encima cuando intentaba ponerse a salvo. Asfixiada por las cenizas y el polvo, pensó que había muerto, se sentía en otro estado de conciencia y no entendía por qué nadie venía a ayudarla. Se levantó, cruzó la calle y tocó el timbre de un vecino. Estaba desnuda. No había percibido que el fuego quemó su ropa.

En el hospital, Julia se encontraba en un estado de agitación extrema. Hablaba y se movía sin parar. Pedía que cambiaran de lugar su camilla. Estaba en un estado de confusión causado por las quemaduras y la deshidratación. Su estado físico mejoraba gradualmente, pero su agitación no disminuía. Los padres aseguraban que normalmente la niña era muy tranquila y razonable.

Cuando la vimos, seis meses más tarde, Julia presentaba todos los signos de un trastorno de estrés postraumático, se confirmaba que su hiperactividad era causa de un estado de *shock* agudo que se había establecido antes que el estrés postraumático.

Los indicadores de un trastorno de estrés postraumático son los siguientes:

- Recuerdos constantes o evocaciones de la situación traumática, con imágenes, pensamientos o percepciones que provocan angustia. En el niño, son los juegos repetitivos los que expresan estos pensamientos obsesivos.
- Sueños frecuentes del accidente seguidos de un estado de angustia.
- La impresión clara de que el accidente sucederá otra vez o habrá situaciones constantes en las que "puede" repetirse de manera inminente. En el niño, puede recrearse bruscamente el accidente en su cabeza.
- Un sentimiento intenso de angustia cuando la persona está expuesta a elementos que evocan el accidente.
- Una reacción fisiológica (enrojecer, palidecer, sudar, sentir el corazón latir fuertemen-

te) cuando hay exposición a elementos que evocan o se parecen a aquello que desató el traumatismo.

Después del accidente, Julia tiene crisis de pánico que causan una gran reacción fisiológica ante objetos variados: un mechero de bunsen (que funciona con gas), las puestas de sol (son de color rojo e iluminan el cielo como una explosión), etcétera. La situación se restablece cuando se da cuenta del elemento que desata su pánico, pero ante la frecuencia de estos incidentes, su estancia en la escuela se vuelve difícil. De acuerdo con los criterios que definen este trastorno, Julia también presenta un rechazo constante a los estímulos asociados con el traumatismo y un aletargamiento en sus actividades generales; como testimonio están las siguientes manifestaciones:

- Esfuerzos por evitar los pensamientos, sentimientos o conversaciones asociadas al traumatismo.
- Esfuerzos por evitar las actividades, lugares o personas que despierten recuerdos traumáticos.
- Incapacidad de recordar una parte importante del traumatismo.
- Verdadero desinterés por ciertas actividades y menor participación en ellas.

- Sentimiento de separación (sensación de volverse extraño ante los otros).
- Restricción de afectos, por ejemplo, incapacidad de experimentar el sentimiento de la ternura.
- Sentimiento de un futuro incierto (no poder hacer una carrera, casarse, tener hijos, etcétera).

Aunque la presencia de tres de estas señales son suficientes para el diagnóstico, Julia las tenía todas. Ella, que antes era una alumna brillante, faltaba a la escuela y tenía síntomas permanentes de activación neurovegetativa:

- Dificultades para dormir o sueño interrumpido.
- Irritabilidad o accesos de cólera.
- Problemas de concentración.
- Hipervigilancia.
- Reacción de sobresalto exagerado.

Dos de los síntomas anteriores deben estar presentes para dar un diagnóstico de trastorno de estrés postraumático, además deben tenerse en cuenta los siguientes criterios:

- La perturbación debe mantenerse desde al menos un mes atrás.

- Debe implicar un sufrimiento clínicamente significativo o una alteración del funcionamiento social (amigos, escuela u otros contextos importantes).

Trastorno de estrés agudo

Las características de este trastorno se parecen a las del estrés postraumático:

a) La exposición a una situación traumática en la que están presentes dos elementos:
- El individuo ha vivido o enfrenta una situación en la que una o varias personas mueren, resultan gravemente heridas o están amenazadas de muerte, o ha estado en circunstancias en las que su integridad física o la de otros ha sido puesta en peligro.
- Su reacción se traduce en miedo intenso y un sentimiento de impotencia o de horror que, en un niño, puede manifestarse con un comportamiento desorganizado o agitado.

Es necesario poner mucha atención cuando la persona hace una descripción de lo sucedido para evitar que los traumatismos de menor importancia sean incluidos en la categoría de trastorno de estrés agudo.

b) La persona, durante la situación sucedida, presentó al menos tres de los siguientes síntomas:
- Un tipo de somnolencia, relajamiento o ausencia de reacciones emocionales.
- Reducción de la conciencia del entorno (sensación de estar en tinieblas).
- Falta de sentido de la realidad (un niño describe esta sensación de la siguiente manera: "Es como si estuviera entre nubes de algodón. Flotaba como en un sueño").
- Una impresión de despersonalización (el niño experimenta sensaciones en las que se separa de su cuerpo y se desdobla, le parece que una mitad suya observa a la otra. Esta sensación es tan fuerte que el niño puede temer seriamente volverse loco).
- Amnesia disociativa (por ejemplo, incapacidad de recordar un aspecto importante del incidente).

c) La situación traumática regresa sin cesar por alguno de los siguientes medios: imágenes, pensamientos, sueños, fantasías, regresiones frecuentes, sensación de volver a vivir lo sucedido o sufrimiento ante algo que lo rememore.

d) Se evita de manera persistente aquello que despierte el recuerdo del incidente vivido.

e) Hay una presencia persistente de síntomas de ansiedad o manifestaciones de una actividad neurovegetativa (dificultades para dormir, irritabilidad, etcétera).

f) La perturbación conlleva un abandono significativo o una alteración de las funciones físicas.

g) La perturbación tiene una duración mínima de dos días y continúa hasta un máximo de cuatro semanas después de la situación traumática.

h) La alteración no es causada por sustancias u otro problema médico.

Vemos que este trastorno, a pesar de su intensidad inmediata, es temporalmente mucho más limitado que el del estrés postraumático, en consecuencia, es más benigno y menos destructivo en los niños.

Patricio, 7 años, sufrió un accidente automovilístico en el que sus padres y su hermano menor murieron. Unos días después del accidente, comienza a mostrar un comportamiento extraño. Habla solo, no quiere salir de casa y, según su abuela, quien lo tomó bajo su cuidado, aparenta "no estar ahí". Tiene muchos problemas para dormir, sus terribles pesadillas lo despiertan muy frecuentemente. Todo cambia y se vuelve más normal unas semanas después, cuando Patricio logra reconstruir la escena del accidente: el operador de una máquina excavadora accionó la pala accidentalmente, ésta se incrustó en el automóvil matando al padre, la madre y el hermano de Patricio. Él, con el cinturón de seguridad puesto, atestiguó silenciosamente el drama y esperó mucho tiempo hasta que llegó la ayuda.

Después de haber logrado la reconstrucción de los hechos y reconocer su culpa como sobreviviente, Patricio volvió rápidamente a la normalidad.

La primera característica mencionada atrás, la de la exposición a una situación traumática, se encuentra en la siguiente ilustración clínica: el niño enfrentó la muerte de sus seres queridos y, como estaba atado al automóvil, su reacción se tradujo en un estado de miedo intenso e impotencia. Patricio también tuvo la segunda característica: después del accidente, manifestó una especie de aletargamiento (estaba aislado, no quería jugar), despersonalización (no se sentía él mismo), y amnesia disociativa (no podía recordar lo que había pasado en el automóvil).

El niño también presentaba signos que correspondían a las otras características de este trastorno:

- Veía constantemente, aun de manera parcial, el accidente, día y noche. Estaba acosado por las pesadillas que le recordaban lo sucedido.

- Evitaba aquello que le recordara el accidente, por ejemplo, se negaba a subir a un
automóvil, ir a la tumba de sus padres o
mirar sus fotografías.
- También presentaba trastornos neurovege-
tativos (insomnio, irritabilidad, sobre-
saltos).
- Era una pena ver el aislamiento del
pequeño.
- Finalmente, la perturbación comenzó
cuando salió del hospital y sólo duró una
semana.

En resumen, la detección de cada uno de los
criterios que corresponden al diagnóstico, de
acuerdo con el *Manual diagnóstico y estadísti-*
co de los trastornos mentales de la Asociación
Psiquiátrica de los Estados Unidos, y la verifi-
cación de que todos estén presentes para esta-
blecerlo correctamente, conforman el proceso
que hemos ilustrado en este capítulo. Sólo así se
asegura un diagnóstico riguroso, convincente y
preciso para los padres.

CAPÍTULO **III**

LAS CAUSAS

¿**D**ónde se origina un trastorno de ansiedad? Esta es la pregunta que uno se hace cuando ve los cambios que afectan a los jóvenes que sufren trastornos de ansiedad. La respuesta es más urgente cuando se constata el sufrimiento que genera y hasta qué punto puede un niño ser prisionero de su angustia sin decir una palabra a nadie, ni a su gente más cercana.

Una de las tres respuestas que dan los investigadores es la de la herencia. Particularmente, en lo que concierne a los trastornos de pánico y ansiedad generalizada, un factor hereditario resurge claramente en los estudios, sobre todo en los realizados en gemelos. También hay una tendencia hereditaria a la fobia social.

Una investigación demostró que 44% de los rasgos obsesivos serían heredados, igual que 47% de los síntomas obsesivos.[6] Si se considera la

---

[6] Clifford, C.A., Murray, R.M., Fulker D.W., *Genetic and Environmental Influences on Obsessional Traits and Symptoms*, Psychological Medicine, 1984, p.p. 791-800.

enfermedad obsesivo-compulsiva completa, los autores de esta investigación descubrieron 15.9% de los trastornos obsesivo-compulsivos en los padres de los niños que sufrían este problema. De lo anterior, puede deducirse que la herencia juega un papel ineludible. La práctica cotidiana en paidopsiquiatría confirma el factor hereditario en los trastornos de ansiedad. Frecuentemente se encuentra un padre, un abuelo o un tío portador del mismo trastorno del niño que asiste a consulta.

Por otra parte, ciertos rasgos de temperamento observables desde el nacimiento predisponen el desarrollo de un trastorno de ansiedad. En un estudio muy reciente,[7] se observó a personas desde su nacimiento hasta la adolescencia y se demostró claramente que la mayoría de los bebés que habían sido clasificados en el grupo "inhibido" (por oposición a "desinhibido") se convirtieron en adolescentes que presentaban síntomas de fobia social.

Es posible que este rasgo de comportamiento ("inhibido") esté también ligado con una mayor vulnerabilidad al síndrome de estrés postraumático. En caso de situaciones aterradoras, como un ataque armado en la escuela, un investigador

---

[7] Kagan, J. y Snidman, N. "Early Childhood Predictors of Adult Anxiety Disorders", en *Review, Biological Psychiatry,* 1999, núm. 46, p.p. 1536-1541.

reportó que en el grupo de niños que estaban más ansiosos después del suceso, 38% era reconocido antes del suceso por tener una personalidad "inhibida".[8]

Sin embargo, la herencia no lo explica todo, además hay que añadir el factor de aprendizaje. En las familias donde reina la angustia y todo parece peligroso, el niño *aprende a tener miedo*, lo cual disminuye sus cualidades y su capacidad de enfrentar la adversidad. Es, digamos, una especie de moldeamiento que afirma los miedos de los padres y aumenta en los niños la necesidad de ser protegidos y reducir su universo. Un niño sobreprotegido no aprende a desenvolverse solo, entonces aumenta su sentimiento de fragilidad y sus temores. ¿No es cierto que un "hombrecito" conoce su valor propio desarrollando sus capacidades fuera de la protección de sus padres?

Cuando los padres tienen hijos pequeños, su papel no es el de quitar todas las piedras que estén en el camino, es el de mostrarles cómo evitarlas y cómo levantarse cada vez que tropiecen con una. Se entiende también que hay más niños ansiosos en familias en las que la madre sufre depresión: ¿cómo estimular a un niño y empujarlo a seguir adelante si para uno mismo todo es

8 Pynoos, R. S., *et al., Life Threat and Postraumatic Stress in Scool-age Children*, Archives of General Psychiatry, 1987, p.p. 1057-1063.

peligroso, malo o carente de interés? El niño aprende de sus padres; nuestra forma de vivir le habla de nuestra forma de ser en el mundo.

Sin embargo, se necesita más que un padre deprimido para desarrollar un trastorno de ansiedad. Los factores hereditarios, la personalidad, la presión escolar y, en algunos casos, una enfermedad limitante se conjugan para hacer estallar un trastorno de ansiedad.

La evasión es un factor que agrava los trastornos de ansiedad y que está en el orden del comportamiento; el niño aprende de sus padres. Todos los ejemplos mencionados hasta aquí dieron cuenta de la evasión de cosas que provocaban miedo:

- Clara quería dejar la danza por temor a fallar.
- Julia no quería ir a clases de química porque los mecheros de bunsen le recordaban el accidente en el que murió su padre.
- Luis no quería ir a la cama porque tenía miedo de encontrar al gigante que le causaba crisis de pánico.
- El niño que sufre una fobia social busca un pretexto para comer en casa y evitar las miradas de los otros.

Entre más evasión, más se siente uno incompetente y sin defensa, y el temor aumenta. Pongamos el ejemplo de un joven que está en un trampolín para saltar a la alberca y en el primer intento retrocede. En el segundo habrá más posibilidades de que no lo logre jamás si no es bien estimulado. Regresaremos sobre esta cuestión cuando implica que la evasión requiere tratamiento. Enseñar al niño tácticas diferentes a la de rehuir es uno de los fundamentos de la terapia cognitivo-conductual de la que hablaremos más adelante.

Hay que decir que, en una buena parte de casos de trastornos de ansiedad, el *detonante* ha sido una situación estresante para el niño (burlas de un amigo, por ejemplo) o, para el adolescente, una situación en la que ha perdido su reputación. En los casos de las fobias sociales, se encuentran frecuentemente las siguientes causas: una muchedumbre en la que el niño se sintió perdido, un regaño severo por parte de un profesor (en el caso de ansiedad de separación). El trastorno obsesivo-compulsivo puede causar un conflicto familiar. La presencia del estrés muestra que el niño o el adolescente intentan evitarlo a toda costa, aun en detrimento de su desarrollo.

En este libro, mencionamos que los niños portadores de una enfermedad crónica corrían el riesgo de desarrollar un trastorno de ansiedad. También hablamos de la frecuencia del estrés postraumático en los adultos que han sufrido quemaduras. Existe también otro fenómeno que merece ser mencionado: los trastornos de pánico que se observan en los jóvenes cuando están afectados por malformaciones y requieren muchas operaciones. En ellos, es el tratamiento lo que conforma su fobia. La anestesia, en particular, cristaliza todos sus miedos, como el de ser rechazado por su entorno a causa de su malformación, o incluso el de ver fracasar su siguiente operación y tener que vivir así por siempre.

Este miedo a la anestesia se amalgama al de perder el control o al de no despertarse y genera accesos de pánico. Cuando éstos se repiten, se comienza a hablar de un trastorno de pánico con arranque de crisis (antes llamado "crisis de angustia"). A veces, los niños están tan discapacitados que es difícil, por su entorno y por la medicina que toman, distinguir algo anormal. Todos piensan que es normal actuar así, pues con la edad uno está más consciente de sí mismo y su estado, pero se trata de una patología suplementaria en la que el niño sufre y aumenta la carga de su enfermedad. En el caso contrario, cuando se piensa en la posibilidad de un trastorno de ansiedad, hay que asegurarse pronto de que se trata de un diagnóstico correcto. Si es el caso, se puede comenzar un tratamiento.

Muchos niños que son hospitalizados en terapia intensiva desarrollan un trastorno de estrés agudo que amerita un tratamiento ansiolítico. Este tratamiento permite que el niño se deje curar con más confianza, y esta actitud favorece mejores cuidados; puede recuperarse más rápidamente. Algunas veces, lo que desata la crisis en el niño es ver a alguien caminando por los pasillos del hospital con vendajes y gritando de dolor. El espíritu inmaduro del niño puede malinterpretar esas imágenes. En el momento en que está más vulnerable, asiste impotente a una escena de horror de la que piensa que él puede ser la próxima víctima.

El caso más frecuente es el de los asmáticos. Desde hace mucho tiempo se sabe que los asmáticos sufren problemas de ansiedad. Evitan los deportes de contacto y pueden entrar en crisis asmáticas si se sienten muy ansiosos, por ejemplo, justo antes de un examen. Lo que ha sido ignorado por mucho tiempo, sin embargo, es que tienen más trastornos de ansiedad que la población media. Los psiquiatras, como Wamboldt, que trabajan en un gran centro hospitalario especializado en enfermedades respiratorias crónicas han demostrado que alrededor de la mitad de los adolescentes asmáticos hospitalizados en ese lugar tenían uno o varios trastornos de ansiedad. Vemos la importancia enorme de estos problemas que crean una distorsión en la percepción que el adolescente tiene acerca de sus crisis asmáticas. En cada crisis recuerda el panorama tan temido: la asfixia y la muerte.

En estas condiciones, no es sorprendente ver que el asma se resista a todo tratamiento, lo cual confirma todavía más en el joven la terrible profecía. En muchos casos, el seguimiento de un trastorno de ansiedad instaura cierto equilibrio que permite al joven ver su vida de manera más realista y da a los tratamientos el poder de curar o aminorar el asma.

Para explicar este gran grupo de trastornos de ansiedad en los asmáticos, se reconoce que la crisis asmática por sí misma, por su carácter dramático ante los demás y por la sensación de ahogo constante que provoca en el niño puede causar progresivamente un estado de descarga permanente en los centros cerebrales que rigen las emociones e instalar un estado crónico de excitación en los mismos, lo que favorece la constitución de un trastorno de ansiedad.

CAPÍTULO IV

EL TRATAMIENTO

¿Por qué tratar los trastornos de ansiedad? Simplemente porque el niño sufre, y todo dolor debe ser aminorado.

Nadie enviaría a la escuela a un niño con los brazos heridos. Cuando se trata de dolor moral, el niño también está herido, aunque no sea palpable. Delante de un niño que se niega a ir a la escuela o a su juego de hockey, encontramos a padres que insisten y lo juzgan como un perezoso incluso si muestra todos los signos del miedo (enrojecimiento, sudoración, ojos desorbitados, gritos).

En este estado, es inútil tratar de hacer entrar en razón al niño, lo mejor es tomarlo con calma y conocer bien la situación para evitar que las cosas sucedan igual cuando se vuelva a presentar el mismo contexto. Si el niño persevera en su negación, el resultado será siempre peor para él: si se trata del hockey, lo expulsarán y perderá a sus amigos; si de la escuela, acumulará faltas y repetirá el año.

Todas estas consecuencias son serias. Se necesita un tratamiento enérgico para evitar daños más grandes, para reincorporar al niño a su entorno, es decir, con otros niños de su edad, y darle otra vez el poder de participar en actividades normales. ¿Pero con qué comenzar?

Si el niño está en un estado de desorganización intensa, es incapaz de escuchar la razón más mínima que sus padres o cualquiera pueda darle. En esos casos extremos, un medicamento adaptado a la edad del pequeño se vuelve un prerrequisito para ganar su confianza y mostrarle que se puede hacer algo con su dolor y pena, y hacerlo más dócil en las siguientes etapas que apuntarán a reencontrar sus capacidades perdidas. Todo esto implica una realidad muy compleja: hay que hacer que el niño quiera cambiar, pero él no siempre querrá regresar a la situación que desata sus temores.

La ayuda de los padres es esencial. El padre, por ejemplo, puede afirmar delante del niño que prefiere que regrese a la escuela y que de ninguna manera se quedará en casa o que no disfrutará de ningún privilegio, pero cómo lograrlo. ¿Cómo hacer el papel de los padres severos e impiadosos cuando uno mismo ha sido un niño ansioso y hasta ha padecido fobias? ¿Acaso no hablamos del factor hereditario de los trastornos de ansiedad? ¿Cómo apoyar a una hija cuando viene a la memoria el niño lloroso o en crisis que uno era a su edad?

Es aquí donde puede intervenir una terapia familiar para ayudar a los padres. Estos acercamientos familiares tienden a sensibilizar a los padres sobre las manifestaciones de evasión del niño ayudándoles a disociar el presente del niño del pasado del adulto. Notemos que hay que recordar a los padres que el niño está tomando medicamentos y, en consecuencia, es capaz de controlar su miedo o dolor. Se trata de un factor importante para obtener su colaboración.

Una vez establecidas estas medidas de urgencia, queda enfrentar el problema, es decir, determinar con el niño cuáles los miedos que desatan sus crisis, cuáles los detonadores que puede identificar y cuáles son los elementos que le permiten evitar o minimizar sus crisis.

Después de haber establecido una alianza con el niño, el paidopsiquiatra observa con él qué parte activa tiene en el trastorno y, sobre todo, cuáles son los beneficios secundarios que obtiene al estar enfermo. Por ejemplo, dormir en la cama de sus padres, acaparar la atención de la madre o ir a la escuela en coche y no en el autobús escolar. Para un adolescente, puede ser el no tener que hacer sus tareas escolares.

En este punto, interviene la psicoterapia que combina varios principios de la teoría del aprendizaje. Cuatro estrategias dominan en esta terapia:

1. La exposición al objeto temido, que se hace de manera progresiva, y la *desensibilización* por medio de técnicas de relajación y de inmersión (*flooding*), es decir, exponer al niño a las situaciones más temibles, por ejemplo, para un agorafobo, usar el transporte colectivo.
2. La modificación de factores externos que influyan en la ansiedad con técnicas de condicionamiento: refuerzo positivo (recompensas) y sanciones. Así, si un niño que no quiere ir a la escuela, logra hacerlo sin ningún pretexto, podrá ver la televisión con su padre o su madre durante media hora; si no, irá a la cama sin que su padre o madre le lean un cuento.
3. Las estrategias cognitivas, incluyendo la modificación de los factores internos que influyen en la ansiedad, entrenan al niño a hablarse a sí mismo, a darse consejos y lo obligan a encontrar por sí solo las soluciones a sus problemas, con el fin de que domine su ansiedad interior.
4. En fin, el *moldeamiento* comprende la demostración de comportamientos apropiados en situaciones de ansiedad. Por medio de juegos de rol o dando ejemplos, el terapeuta "enseña" los medios más adecuados para enfrentar la angustia.

Este tratamiento, relativamente corto, dura entre 10 y 16 semanas. Los terapeutas usan manuales en los que están consignados los protocolos que estandarizan el tratamiento. Dicho de otra forma, se aseguran de que éste sea dado de igual forma en cada niño. Esto permite también cotejar los resultados de este tipo de terapias ante diferentes trastornos de ansiedad y compararlos con otros tipos de terapias o con la evolución del trastorno sin ningún tratamiento. Estas comparaciones han mostrado la gran eficacia de este tratamiento.

Por otra parte, los resultados de la terapia cognitiva perduran, sobre todo si los padres (particularmente el padre) se ajustan al tratamiento. Puede ser porque ellos están en condiciones de continuar el trabajo del terapeuta recordando las consignas o las motivaciones de la terapia. Así, una paciente con agorafobia tendrá "tareas" que hacer en casa durante el periodo de inmersión. Se le pedirá, por ejemplo, ir a un centro comercial con una amiga y, después, ir solo. Enseguida, se le propondrá una situación más temible para un agoráfobo, por ejemplo, ir en metro con un amigo y regresar solo.

Es obvio que este tipo de terapia requiere una gran colaboración del niño y, en consecuencia, él se dirige sobre todo con los niños mayores o adolescentes. Además, se constata cuánto, en esta terapia, el papel de los padres cuenta para reforzar la determinación del niño.

Esta forma de tratamiento es indispensable para consolidar los progresos y prevenir los fracasos. En lo que concierne a los pequeños, resulta más provechoso dar a la madre las reglas a seguir para que ella cambie el entorno y haga progresar a su hijo teniendo en cuenta sus capacidades. Por supuesto, hay que ver regularmente a la madre y al hijo para verificar si se ha seguido el programa, si ella no se deja suavizar demasiado o si, al contrario, está en una actitud muy exigente y el niño se siente oprimido o rechazado. Todos estos ajustes son parte del tratamiento y conducen progresivamente a un resultado positivo. Se necesita una resistencia extraordinaria del niño, de los padres o de todos a la vez para que este tipo de programa no rinda frutos notables.

El esquema terapéutico que recomendamos es el que el señor Labellarte de la Johns Hopkins Medical Institution en Baltimore menciona:"Los pacientes gravemente ansiosos necesitan primero un tratamiento farmacológico con el fin de obtener un control suficiente de los síntomas y poder participar en una terapia cognitivo-conductual".[9]

Este modelo terapéutico es probablemente el más difundido en los Estados Unidos. Por supues-

[9] Labellarte, M.J., *et al.*, *The Treatment of Anxiety Disorders in Children and Adolescents*, Review Biological Psychiatry, 1999, p.p. 1567-1578.

to que hay variantes, algunos médicos prefieren esperar bastante tiempo antes de recetar algún medicamento; otros recomiendan primero la psicoterapia. Sin embargo, si se tiene en cuenta la distinción hecha entre la ansiedad llamada "existencial", es decir, la ligada a las situaciones difíciles de la vida, y la ansiedad llamada "enfermiza", condición en la que el niño no puede avanzar, es más fácil comprender la elección de diferentes modelos terapéuticos. La psicoterapia conviene mucho para la ansiedad existencial y, en ese caso, es inútil, por no decir contraindicado, recurrir a un medicamento. Del otro lado, la ansiedad enfermiza responde mal a este acercamiento que muchas veces es de larga duración.

El niño que tiene un verdadero trastorno de ansiedad es un niño enfermo, que sufre. El dolor físico, muchas veces subestimado por la gente cercana, es descrito por los niños con palabras muy fuertes: "Es terrible, me vuelve loco, es como una presión que está siempre aquí, en mi corazón, me ahoga". En este caso, es urgente disminuir este terrible dolor, lo que permitirá que el niño colabore mejor en sus tratamientos.

En resumen, los elementos indispensables del tratamiento de trastornos de ansiedad son los siguientes:

Primera etapa
- Desde el inicio, actuar rápidamente.

- Explicar al niño lo que le sucede.
- Darle esperanzas.
- Explicar a los padres que se trata de una enfermedad real y no de una reacción trivial de ansiedad.
- Hacer que los padres acepten los medicamentos si el estado del niño lo amerita:
  a) Dar un ansiolítico en dosis pequeñas para una acción rápida que conduzca a una ayuda inmediata; se utiliza siempre la dosis más pequeña posible.
  b) Si hay que alargar la duración del medicamento, hay que utilizar antidepresivos del tipo inhibidor selectivo de la recaptación de la serotonina (ISRS, por sus siglas en francés) que, con dosis suaves, son excelentes ansiolíticos.

En esta etapa, la colaboración de los padres es esencial y se requiere una terapia familiar.

Segunda etapa

Esta etapa es esencialmente la fase de reconstrucción con la ayuda de la psicoterapia cognitiva, con una insistencia en la autonomía del niño o adolescente. El trastorno obsesivo-compulsivo representa un caso particular. En efecto, muchos autores recomiendan comenzar pronto la terapia cognitivo-conductual con medicamentos, en general con antidepresivos del tipo ISRS, sobre todo si es grande el sufrimiento del niño o la familia.

Ciertos padres se vuelven muy ansiosos cuando se les habla de medicación para un pequeño. Temen que esos "químicos" sean nocivos para el cerebro y desarrollo del niño. Pero, la mayor parte del tiempo, estos "químicos" son parte de la composición del cerebro. Así, los antidepresivos del tipo ISRS tienen la función, al parecer, de aumentar el nivel de serotonina, hormona presente en el cerebro y responsable, entre otras cosas, de nuestro estado anímico. ¿Sabía usted que el chocolate funciona de la misma manera? ¿Se ha preguntado por qué, cuando está triste o de mal humor, tiene ganas de comer chocolate? Simplemente es porque el chocolate actúa sobre la serotonina, lo cual trae mejor humor.

Por otra parte, en el cerebro existen receptores naturales para las benzodiasepinas, productos que actúan eficazmente sobre la ansiedad. De hecho, las cosas funcionan al contrario de lo que se cree normalmente: si el niño no está bien es porque su trastorno de ansiedad lo enferma. Está aburrido y temeroso, no quiere comer y no puede dormir. El tratamiento disminuye estos síntomas. Sin embargo, sólo se receta un medicamento a un pequeño cuyo cerebro está desarrollándose cuando se ha considerado lo que es mejor para él. Se eligen las dosis más bajas y más eficaces.

De las gemelas, Jacinta, una niña asmática de 4 años, normalmente es la más dinámica. Cuatro meses atrás tuvo una complicación física muy grave que lleva al colapso o contracción de un pulmón. Imagínese cómo se siente, es dramático: el dolor es intenso, uno se ahoga y siente que se muere.

Durante todo el tiempo que estuvo en terapia intensiva, Jacinta mostró signos claros de ansiedad: siempre incómoda, movía las piernas sin parar, no estaba contenta con nada y rehuía las miradas de las enfermeras. Además, después de que le quitaron los tubos, se negó a hablar.

De acuerdo con la recomendación del pediatra, sus padres consultaron a un psiquiatra cuatro meses más tarde. Jacinta había cambiado de personalidad. La niña tenía miedo de todo. Continuamente solicitaba a su hermana gemela hacer cosas por ella. Ella, que era un verdadero rayo de sol, estaba de mal humor y se negaba a interesarse en algo. Sus noches eran agitadas y estaban llenas de pesadillas, entonces dormía con sus padres. Parecía aterrada.

Le preguntó a su madre si todo "eso" iba comenzar otra vez, y ya tenía aversión a los tratamientos para el asma. Su madre notó también que evitaba lo más posible abrir la boca y se mantenía muy cerca de ella. Tenemos aquí todas las características del estado de estrés postraumático agudo, puesto que los síntomas vienen de tres meses atrás.

En principio, se recomendó un medicamento ansiolítico para Jacinta, pues reconoció que sus pesadillas le daban mucho miedo y quería que desaparecieran. Por otra parte, su madre estaba a punto de darse por vencida, así que había que actuar rápidamente. Su padre saldría pronto de viaje. Aunque al inicio se opuso mucho a los medicamentos, el padre reconoció enseguida que no iba a poder ayudar a su esposa durante su ausencia.

Esta señora regresó a consulta unas semanas después con su hija. La niña estaba menos inhibida y dormía bien. En la siguiente ocasión, casi había vuelto la Jacinta de antes: estaba activa, comía bien y jugaba con su hermana. Como hablaba muy bien, nos contó que pensó que iba a morir a causa de la enfermedad que padeció. Dijo que tuvo más miedo cuando iba en el coche camino al hospital porque pensaba que su madre no se había dado cuenta de que estaba sucediendo algo grave (sentimiento de fragilidad), y que temió aún más cuando su madre discutía con el médico de urgencias para que atendiera rápidamente a su hija (sensación de ser insignificante). Desde que sucedió todo eso, Jacinta estaba pendiente de cualquier ruido anormal en su respiración, por eso dejó todas sus actividades.

Después de nuestro cuarto encuentro, se disminuyó progresivamente el medicamento por respetar los temores de la niña y para probarle que, incluso sin medicinas, sus pesadillas desaparecerían. Ahora es una niña feliz y sin problemas.

Se constata que la medicación no hizo "torpe" a la niña, como creen muchos padres. Al contrario, el *shock* y el miedo causaron que Jacinta estuviera inhibida y con otra personalidad. El medicamento le permitió florecer nuevamente, como dijo su madre, y volver a encontrar la felicidad de vivir.

El caso de Ana se encuentra del lado opuesto al anterior. Se trata de una linda adolescente que desarrolló de manera accidental, al entrar a la escuela secundaria, una tos incontrolable. Los exámenes médicos resultaron negativos, ella tenía la impresión de decepcionar a sus padres. Después del incidente, desarrolló rápidamente una agorafobia y una fobia escolar. No podía ir a la escuela, sólo verla le producía parálisis, le dolía la cabeza, temía desmayarse si la obligaban a entrar y, finalmente, regresaba a casa.

Ana estaba perdiendo progresivamente a todos sus amigos, se negaba a ir a reuniones escolares y a la discoteca. También se negaba a tomar medicamentos, sus padres se oponían a que llevara este tipo de terapia. Notamos que también desarrollaba una fobia social, pues no toleraba la idea de ser evaluada frente a todos sus compañeros.

Comenzamos una terapia psicodinámica clásica con esta adolescente de 14 años. Nos citamos con los padres para hacer los ajustes necesarios. Después de dos años, Ana estaba mejor, aunque aún frágil y, luego de cada fin de semana o vacaciones, o luego de permanecer en casa por alguna enfermedad física sencilla (gripa, problemas estomacales, etcétera), volvía a sentir náuseas y tenía dificultades para ir a la escuela.

Entonces comenzamos una terapia cognitiva muy intensa. Ana debía reportar todos sus éxitos y fracasos. Llevaba un cuaderno en donde registraba todo y lo discutía con su terapeuta. Sin embargo, continuaba frágil y tenía el sentimiento de ser débil o estar a punto del desmayo, esto la molestaba seguido en la escuela. Luego de un accidente automovilístico menor, en donde también estuvo su madre, Ana presentaba aún más síntomas. Dejó de ir a la escuela y corría el riesgo de repetir su tercer grado de secundaria. Los padres se inquietaban y enojaban. Decidimos entonces empezar una medicación de tipo ISRS que llevaría a la par de su psicoterapia. Ana pudo regresar a la escuela y recuperar el tiempo que había perdido.

Un año después, logró llevar una terapia cognitiva con una psicóloga y, después de dos años y medio, ha aminorado progresivamente sus medicamentos. Ahora es una joven armoniosa que asiste a la escuela sin problemas.

Se puede decir que, durante la primera parte del tratamiento, en la que estaba sin medicación, Ana, a pesar de todos sus esfuerzos, no lograba controlar sus temores. Después de haber tomado los medicamentos correspondientes, se volvió más receptiva a las otras formas de tratamiento, sobre todo a la terapia cognitiva que es muy difícil y requiere un gran valor para realizarla. Fue como si, al bajar su dolor y miedo, los medicamentos la hubieran hecho más apta para la terapia.

Es muy claro que siempre se busca limitar lo más posible la cantidad y, sobre todo, la duración de la toma de medicamentos en una persona joven. Pero hay que saber que el peligro reside actualmente en los seudotratamientos, por no decir en la ignorancia total de estos trastornos que generan mucho sufrimiento y limitan el desarrollo de las capacidades del joven.

Conclusión

Si esta obra ha despertado en el lector algunas preguntas o reflexiones, nuestra meta está cumplida. En efecto, lo inquietante es encontrar actualmente una desorientación en la población, en la que hay una cantidad importante de jóvenes menores de 18 años que presentan trastornos de ansiedad, y constatar que muy pocos casos llegan con el psiquiatra. Esto significa que un gran número de estos jóvenes y niños no tienen un tratamiento y cargarán con el problema durante toda su vida.

Los padres tienen una gran responsabilidad: estar atentos al comportamiento de sus hijos, observarlos detalladamente y escuchar los síntomas que indican sufrimiento, sobre todo si dura varias semanas. Preguntar al niño lo que le pasa, lo que le molesta, sin regañar ni juzgarlo, es reconocer que también él puede sentirse débil, abrumado e inquieto.

Al repasar con el niño las razones que le han hecho llorar y salir de la clase, por ejemplo, se crea un momento único de comunicación y la ocasión de comprender lo que le pasa. Es muy humillante para un niño llorar delante de sus compañeros de clase. Para ayudarlo a dar un sentido a esa situación dramática, se le protege y puede ser que se evite que haya otras situaciones similares. Decimos *puede ser* porque, a pesar de la buena voluntad del niño o de sus padres, no siempre está completamente protegido. Situaciones parecidas o de otro tipo pueden suceder nuevamente y revelar cierta fragilidad que evidencie que el niño necesita una evaluación y quizá un tratamiento.

Consultar a un psiquiatra o psicólogo no debe ser causa de burlas en la familia. Sucede frecuentemente que el padre o la madre asiste a consulta con el niño y, más tarde, el otro protesta y afirma que no pasa nada grave, que su hijo no tiene temores y que no necesita ningún tratamiento. Esta actitud confunde al niño porque, si asiste al tratamiento, se enemista con quien niega la enfermedad, justo cuando necesita todo el apoyo de sus padres. En el caso contrario, si pretende no necesitar ayuda, se arriesga a tener más problemas por más tiempo.

Es posible que usted encuentre que la responsabilidad que atribuimos a los padres es muy grande, pues finalmente no son unos expertos. Cierto. Sin embargo, se ha constatado que ni los profesores, ni los entrenadores, ni ningún dirigente de asociaciones juveniles, detectan estos trastornos. Pero, por ejemplo, los profesores tienen la ventaja de detectar mejor la hiperactividad. La explicación es muy simple: la hiperactividad aturde a la clase, llama la atención del profesor, pero la ansiedad mantiene al niño en calma pegado a su asiento, lo cual se interpreta como:"es un buen niño". Por lo tanto, corresponde a los padres estar despiertos y con los oídos abiertos, pues sus hijos son los más indicados para dar cuenta de sus síntomas de ansiedad. Si hacen buenas preguntas, los padres tendrán respuestas muy claras. Harán el papel de tutor y protector al mismo tiempo. Deje la puerta abierta a la expresión de emociones para que su hijo pueda confiarle sus miedos y debilidades sin sentirse juzgado. Luego, les corresponde a ustedes, padres y madres, tomar la decisión de ir a una consulta profesional.

El niño que sufre un trastorno de ansiedad sabe que algo pasa en él, algo "que no va", y, sobre todo, sabe que tiene miedo. Por eso es necesario preguntarle, porque es raro que lo diga espontáneamente. El trabajo del psiquiatra consiste en eso, y debe ser apoyado por su equipo de expertos.

Algunos padres exclaman: "A mí jamás me habló de eso". Seguro que es muy frustrante, pero para ello la especialidad del psiquiatra consiste en relajar al niño a través de juegos y dibujos que le permiten expresar la angustia de la que no se atreve a hablar con nadie. Esto exige que los padres confíen mucho en el médico que, aunque sea un extraño, les revelará cosas que desconocen de su hijo. También requiere un gran amor de los padres a su hijo para recorrer el camino árido que lleva a la curación.

BREVE DESCRIPCIÓN DE LOS TRASTORNOS DE
ANSIEDAD*

Ansiedad generalizada

Se define como un estado en el que la ansiedad
y la inquietud excesivas están presentes en
muchas situaciones. Este trastorno se caracteriza
por la presencia constante de inquietudes difícilmente controlables. Cuando, tras una situación
determinada, la persona mantiene psicológica-
mente varios escenarios negativos y se vuelve
muy vigilante y vulnerable al estrés del entorno.
En el diagnóstico, la ansiedad generalizada se caracteriza por al menos 6 meses de inquietud persistente y excesiva, y muchos síntomas físicos.

El trastorno de pánico con o sin agorafobia

De acuerdo con la clasificación estadounidense
de los problemas mentales, este problema forma

---

* Extraídos de un documento disponible en el sitio web de la
ATAQ (Association Troubles Anxieux du Québec).

parte de los trastornos de ansiedad. Se caracteriza por la presencia de ataques de pánico que a veces sobrevienen de forma imprevisible. Estos ataques son frecuentes y van acompañados de miedo o malestar intenso. Los síntomas principales son: sensación de ahogo, aturdimiento, inestabilidad, palpitaciones, estremecimientos, sudoración, temor a perder el control, volverse loco o morir. El trastorno de pánico puede estar acompañado de evasión agoráfoba, entonces se trata del trastorno de pánico con agoráfobia. La evasión agorafoba consiste en evitar lugares o situaciones en las que la persona teme que sea difícil recibir ayuda en caso de tener un ataque de pánico.

Las fobias

En la fobia específica, los ataques de pánico son detonados por un estímulo diferente (por ejemplo: serpientes, aviones, perros, etcétera) o una situación particular (por ejemplo: llegar tarde a la escuela). El objeto o la situación están claramente definidos y su presencia se percibe como una amenaza. Una simple exposición al estímulo fóbico trae invariablemente una respuesta de ansiedad en la persona. En el diagnóstico, el miedo debe ser considerado "anormal", es decir, que impida al individuo adaptarse bien a su entorno.

Esta intensidad permite distinguir los "miedos normales" de las fobias.

Esta problemática generalmente lleva al sujeto a adoptar conductas de evasión. En algunas situaciones no previsibles, el individuo soporta el momento experimentando una angustia intensa. Los estímulos fóbicos más comunes son: sangre, alturas, microbios, arañas, vuelos en avión y ascensores.

La fobia específica se divide en cuatro tipos: animales, elementos de la naturaleza, transfusiones sanguíneas, situaciones específicas. Los estudios efectuados revelan que la prevalencia de la fobia específica es de 9%.

La fobia social

En lo que concierne a esta fobia, los ataques de pánico del individuo se generan por situaciones sociales en las que él teme ser juzgado por los demás. La persona teme ser mal percibida y se interesa mucho en lo que los demás puedan pensar de ella.

El diagnóstico se establece sólo si la situación de ansiedad interfiere significativamente en el funcionamiento de la vida social del individuo. Hay que notar que las situaciones de representación conllevan el riesgo de tener una reacción emocional muy fuerte. Por ejemplo, esta regla se aplica perfectamente en el caso en el que un estudiante debe hacer una presentación oral en clase. Los estudios hechos muestran que entre 3 y 13% de personas de una comunidad tiene este problema.

El trastorno obsesivo-compulsivo

El individuo obsesivo-compulsivo sufre obsesiones o compulsiones, o ambas. Las obsesiones son pensamientos o imágenes recurrentes y numerosas que crean ansiedad. Estos pensamientos no representan preocupaciones exageradas sobre problemas ordinarios de la vida. La persona que los padece hace grandes esfuerzos por ignorarlos, borrarlos o neutralizarlos.

Las compulsiones son comportamientos repetitivos hechos en reacción a obsesiones o como prevención o reducción de un malestar, incluso por anticipar una situación desagradable.

Las obsesiones y/o las compulsiones deben acompañarse de un malestar importante, requerir mucho tiempo (por ejemplo, más de una hora diaria) o interferir significativamente en el funcionamiento normal de una persona. Como en el caso de la fobia específica, esta característica permite distinguir a las personas que, por ejemplo, verifican "un poco" si su puerta está bien cerrada, y aquellas que sufren un trastorno obsesivo-compulsivo. El individuo que tiene obsesiones y compulsiones debe estar en condiciones de reconocer la naturaleza irracional o excesiva de su conducta. Entre los temores más comunes se encuentra el del contagio (microbios), el de poner las cosas en cierto orden, y el de tener alguna conducta violenta. En la población, las estadísticas indican que entre 1.5 y 2.1% padece este trastorno.

El trastorno de estrés postraumático

Surge por la exposición a una situación traumática que provoca miedo, aletargamiento u horror en el individuo. Este trastorno se manifiesta por una evocación persistente de la situación traumática, conductas de evasión ante aquello que esté asociado al traumatismo, debilitamiento de la actividad general y estado de hiperactividad neurovegetativa.

Percepción de los trastornos de ansiedad[*]

1.¿Qué son los trastornos de ansiedad?

Los trastornos de ansiedad designan un grupo de afecciones mentales caracterizadas esencialmente por ansiedad, miedo, conductas de evasión y rituales compulsivos excesivos. Entre los trastornos de ansiedad más comunes recopilados en el *Manuel diagnostique et statistique des troubles mentaux*, se distingue el trastorno de pánico con o sin agorafobia (TPA y TP, respectivamente), la fobia social, el trastorno obsesivo-compulsivo (TOC), la ansiedad generalizada (AG) y el estado de estrés postraumático (ESPT). Sobre estas afecciones haremos este análisis. Al número de otros trastornos conexos de los que no hablaremos aquí, podemos agregar el del estrés agudo (que

* Tomado de: Anthony, M.M. y Swinson R.P., *Les troubles anxieux: Orientations futures de la recherche et du traitement*, Ottawa, Santé de Canada, Ministère des Travaux Publics et Services Gouvernementaux, Canada, 2001.

se parece al ESPT, sólo que su duración es más corta), el trastorno de ansiedad asociado a un problema de salud general, el trastorno ligado al uso de sustancias tóxicas, la agorafobia sin antecedentes de trastornos de pánico, y el trastorno de ansiedad no específica. Se han hecho muy pocas investigaciones sobre estos temas.

Trastorno de pánico con agorafobia (TPA) y sin agorafobia (TP)

Los trastornos de pánico se caracterizan por la frecuencia de ataques de pánico que sobrevienen de manera imprevisible (dicho de otra forma: sin ningún lazo evidente con alguna situación detonante), el miedo a caer otra vez en una crisis similar, y la inquietud asociada a sus consecuencias y/o al cambio de comportamiento que traen los ataques. Cuando los síntomas del TP obligan al individuo a evitar las situaciones en las que podría ser difícil escapar o en donde no podría recibir ayuda en caso de un ataque de pánico, se establecerá el diagnóstico de agorafobia. Entre las situaciones más evitadas están: conducir, usar transportes colectivos, trasladarse, estar solo, muchedumbres o tiendas grandes.

Trastorno obsesivo-compulsivo (TOC)

Se manifiesta por la presencia de obsesiones (ideas, imágenes o impulsos que se imponen a la conciencia de forma repetitiva e inevitable y generan una ansiedad extrema) acompañadas o no de compulsiones (actos repetitivos que tiene que hacer el individuo en la realidad o en el pensamiento para reducir la tensión interior generada por sus obsesiones). Las obsesiones más frecuentes están asociadas al temor de ser contagiado, la incertidumbre y pensamientos de tipo sexual o religioso. Lavarse las manos, revisiones frecuentes y operaciones aritméticas son parte de las compulsiones más comunes. Sólo se diagnosticará un TOC si las obsesiones o compulsiones acaparan o causan un problema grave.

Fobia social

Esta fobia designa una afección mental caracterizada por un temor excesivo o irracional a encontrarse en sociedad o actuar en público. La persona que sufre fobia social puede temer o evitar, entre otras cosas, a asistir a una fiesta o reunión, comer en público, escribir en presencia de otras personas, hablar en público, discutir con alguien y comunicarse con personas desconocidas. La ansiedad experimentada no está ligada al

temor de que otras personas perciban los síntomas de algún trastorno físico o mental que afecte
al individuo (así, alguien que sufre el mal de
Parkinson y teme que la gente se dé cuenta de su
temblor no puede considerarse como alguien
que tiene fobia social). Además, sólo se diagnosticará la fobia social si el miedo impide que la
persona lleve una vida normal o le cause un
problema grave.

Ansiedad generalizada (AG)

Se caracteriza sobre todo por una inquietud
excesiva que domina la vida del sujeto y que
afecta diferentes aspectos de ésta (por ejemplo,
su trabajo, su situación económica, su familia, su
salud). La persona que sufre ansiedad generalizada difícilmente controla su inquietud y presenta
al menos tres de los siguientes síntomas: estado
febril, fatiga, problemas de concentración, irritabilidad, tensión muscular y trastornos de
sueño. Sólo se diagnosticará ansiedad generalizada si la inquietud no está exclusivamente ligada
a las manifestaciones de algún otro trastorno, por
ejemplo, el miedo a ser víctima de un ataque de
pánico, si la persona sufre TP, y si esto le causa un
problema grave o aminora su buen funcionamiento cotidiano.

Fobia específica

Designa un miedo excesivo o irracional al mirar un objeto o una situación. Lleva al individuo a evitar el objeto o la situación temidos. Como ejemplos de fobia específica podemos mencionar el miedo a las alturas, a los aviones, a algunos animales, a la sangre o las inyecciones. El miedo no debe estar asociado a algún otro trastorno, por ejemplo, una persona que sufre de agorafobia y evita subir al avión por temor a ser presa de un ataque de pánico. Además, debe causar un problema grave o aminorar el funcionamiento normal de la persona.

Estado de estrés postraumático (ESPT)

Es un trastorno que se diagnostica cuando una persona vive una situación traumática que implica pérdidas de vidas, riesgos de muerte o heridas graves para ella misma u otras personas, ante lo que reacciona con un miedo intenso y un sentimiento de desesperanza u horror. El miedo se asocia a tres tipos de síntomas: 1) rememoración de la situación (pesadillas, retrocesos y recuerdos abundantes), 2) conducta de evasión y adormilamiento de las emociones, por ejemplo, tendencia a evitar hablar o pensar en el traumatismo, 3) síntomas de vigilancia estrecha (sobre todo, insomnio e hipervigilancia). Sólo se diagnosticará ESPT si los síntomas persisten durante al menos un mes y provocan un problema grave o aminoran el funcionamiento normal de la persona.

Ansiedad infantil. Los trastornos explicados a los padres, de Chantal Baron, fue impreso en noviembre de 2007, en Q Graphics, Oriente 249-C, núm. 126, C.P. 08500, México, D.F., y terminado en Encuadernaciones Maguntis, Iztapalapa, México, D.F. Teléfono: 56 40 90 62.